Impressum
Verlag: BABADADA GmbH, Nedderfeld 112 , 22529 Hamburg
Geschäftsführer / Verlagsleitung: Harald Hof
Druck: Books on Demand GmbH, In de Tarpen 42, 22848 Norderstedt

Imprint
Publisher: BABADADA GmbH, Nedderfeld 112 , 22529 Hamburg, Germany
Managing Director / Publishing direction: Harald Hof
Print: Books on Demand GmbH, In de Tarpen 42, 22848 Norderstedt, Germany

школа

scol

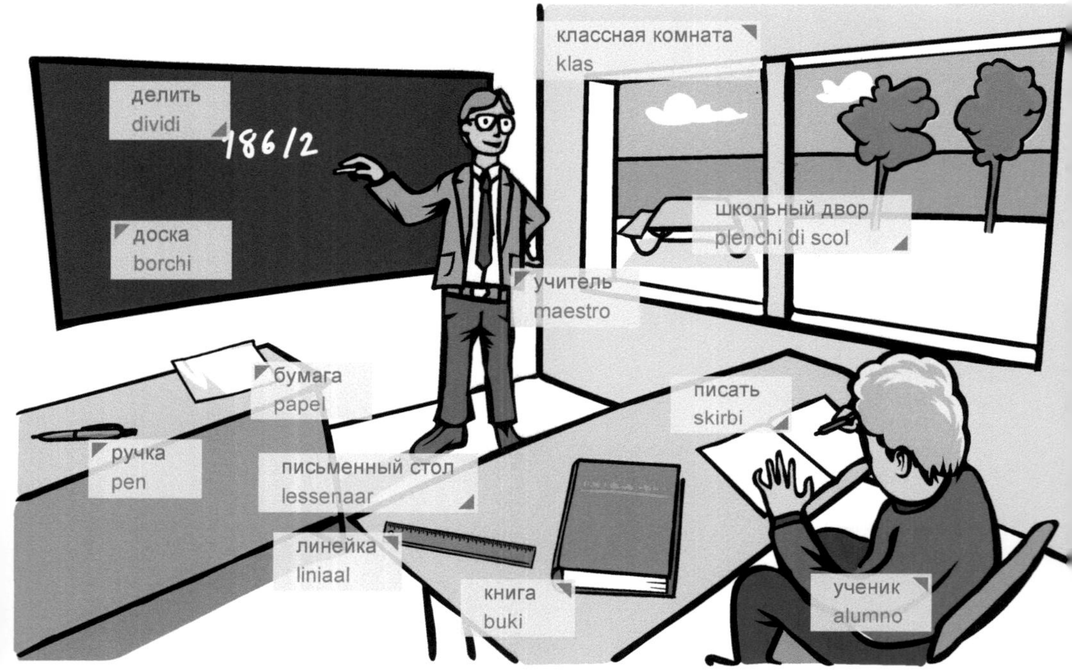
классная комната
klas
делить
dividi
186/2
доска
borchi
учитель
maestro
школьный двор
plenchi di scol
бумага
papel
писать
skirbi
ручка
pen
письменный стол
lessenaar
линейка
liniaal
книга
buki
ученик
alumno

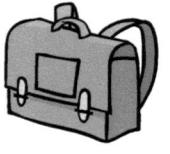

ранец

tas di scol

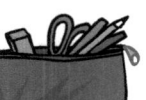

пенал

etui

карандаш

potlood

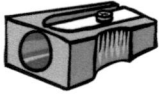

точилка

slijper

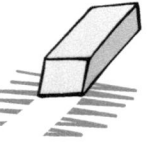

ластик

gum

альбом для рисования

buki di pinta

рисунок

pintura

кисточка

cuashi

коробка красок

caha di verf

ножницы

sker

клей

lijm

тетрадь

schrift

домашняя работа

huiswerk

цифра

number

прибавлять

suma

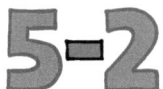

вычитать

kita

умножать

multiplica

считать

conta

буква

letter

алфавит

alfabet

слово

palabra

текст

texto

читать

lesa

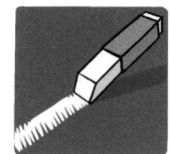

мел

krijt

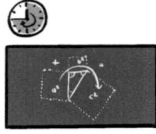

урок

les

классный журнал

klassenboek

экзамен

examen

диплом

diploma

школьная форма

uniform di scol

образование

estudio

энциклопедия

enciclopedia

университет

universidad

микроскоп

microscop

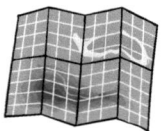

карта

mapa

корзина для бумаг

bari di sushi

путешествие
biahamento

гостиница
hotel
Grand
турбаза
posada
ROOMS
пункт обмена валюты
oficina di cambio
CHANGE
чемодан
maleta
автомобиль
auto

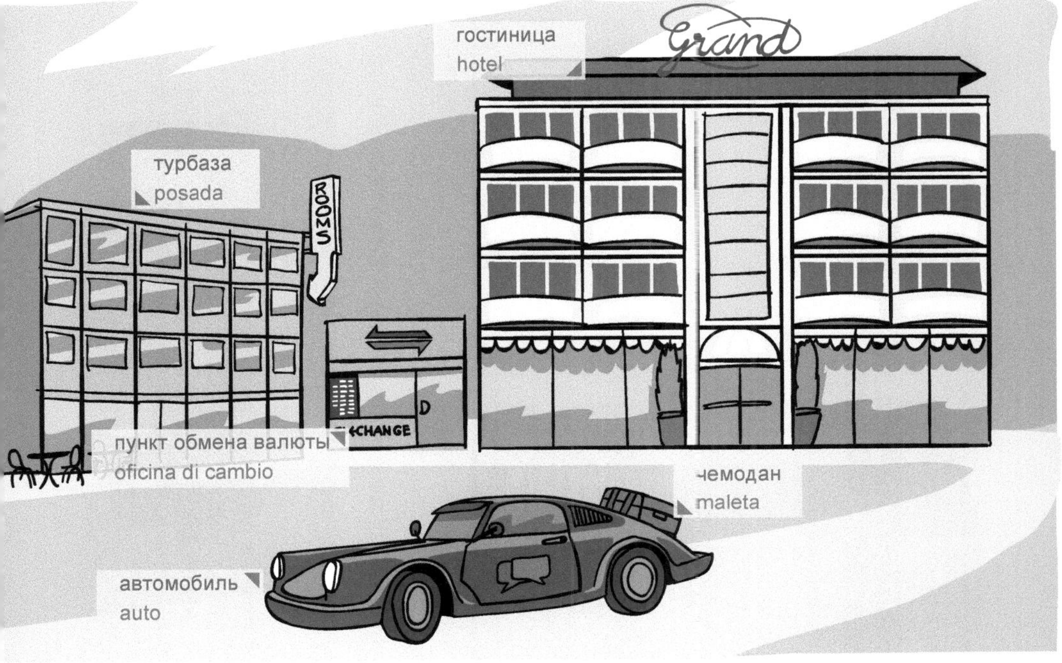

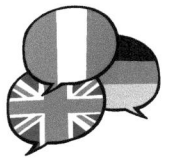

язык
idioma

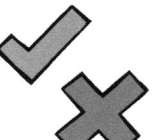

да / нет
si / no

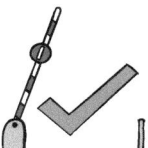

хорошо
bon

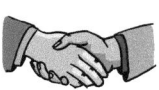

Привет
hallo

переводчик
tolk

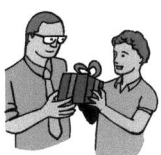

Спасибо
masha danki

Сколько стоит...?

Cuanto esaki ta costa?

Я не понимаю

Mi no ta compronde

проблема

problema

Добрый вечер!

bon nochi

Доброе утро!

Bon dia!

Доброй ночи!

Bon nochi!

До свидания

ayo

направление

direccion

багаж

maleta

сумка

handbag

рюкзак

rugtas

гость

huesped

комната

camber

спальный мешок

slaapzak

палатка

tent

туристическая
информация
informacion pa turista

пляж
lama

кредитная карточка
credit card

завтрак
desayuno

обед
cuminda di merdia

ужин
cuminda di anochi

билет
carchi

лифт
cabe'i boto

почтовая марка
stampia

граница
grens

таможня
duana

посольство
embahada

виза
visa

паспорт
paspoort

транспорт
transport

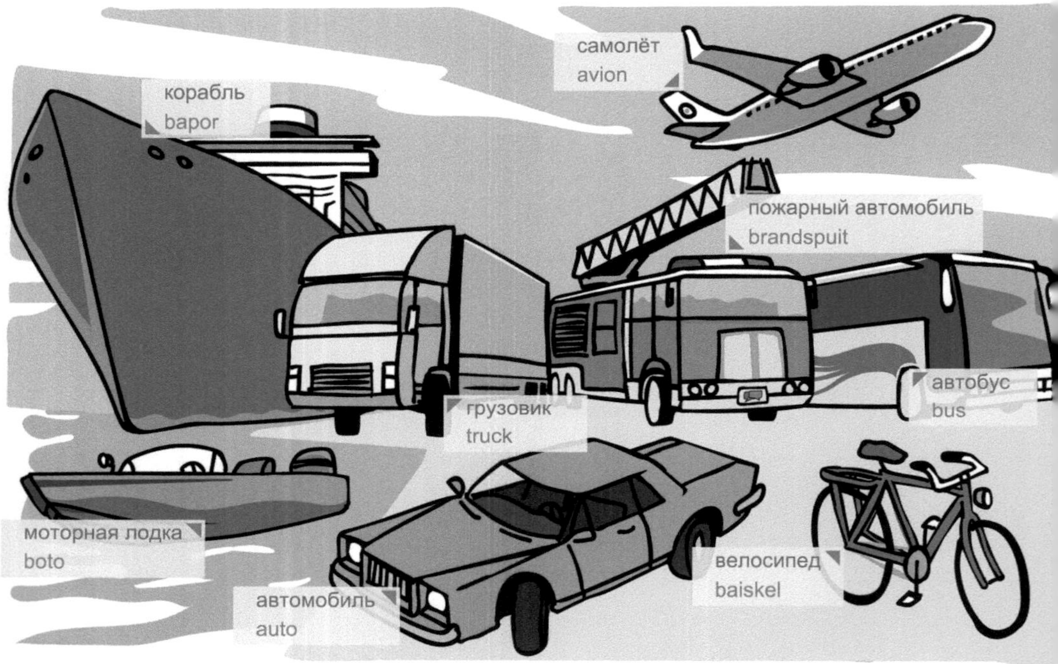

самолёт
avion

корабль
bapor

пожарный автомобиль
brandspuit

автобус
bus

грузовик
truck

моторная лодка
boto

велосипед
baiskel

автомобиль
auto

пором
ferry

лодка
boto

мотоцикл
brommer

полицейский автомобиль
auto di polis

гоночный автомобиль
auto di careda

арендованный
автомобиль
auto di huur

совместное пользование
автомобилями

car sharing

буксировочный
автомобиль

takelwagen

мусоровоз

dump truck

двигатель

motor

топливо

gasolin

заправка

pomp di gasolin

дорожный знак

borchi di trafico

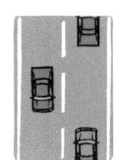

движение

trafico

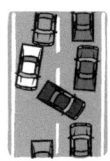

пробка

fila

автостоянка

parkeerplaats

вокзал

stacion di trein

рельсы

riel

поезд

trein

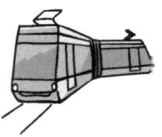

трамвай

tram

вагон

wagon

вертолёт

helicopter

аэропорт

aeropuerto

вышка

toren

пассажир

pasahero

контейнер

container

коробка

caha di carton

тележка

garoshi

корзина

macutu

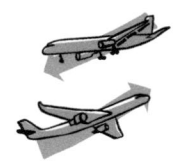

взлетать / приземляться

lanta / baha

город

ciudad

деревня

pueblo

центр города

centro di ciudad

дом

cas

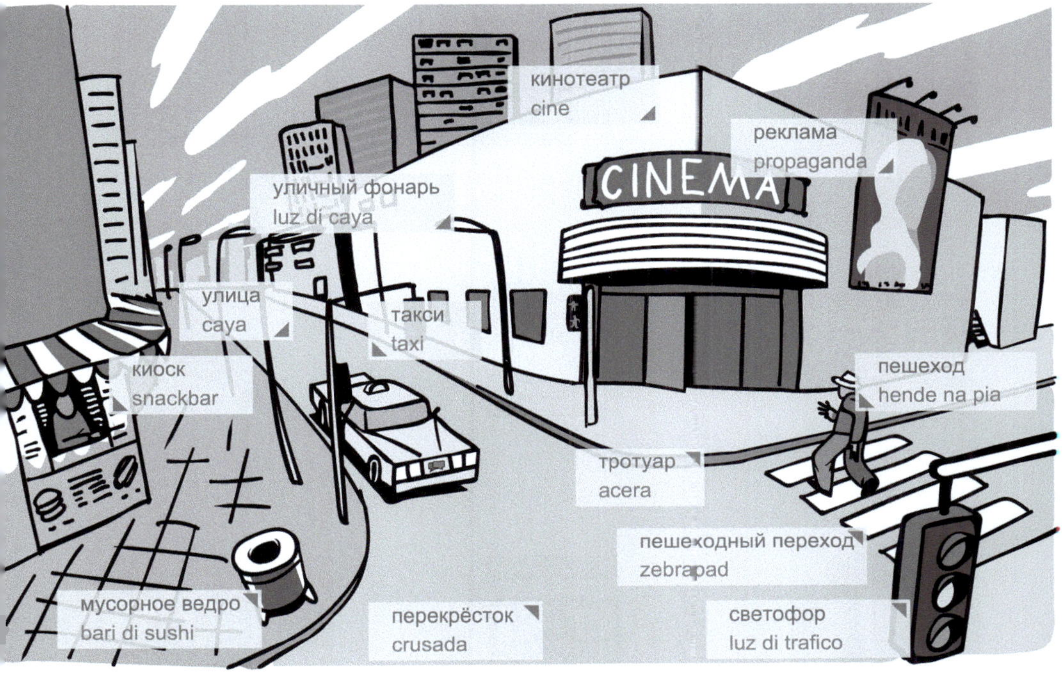

CINEMA
кинотеатр
cine
реклама
propaganda
уличный фонарь
luz di caya
улица
caya
такси
taxi
киоск
snackbar
пешеход
hende na pia
тротуар
acera
пешеходный переход
zebrapad
мусорное ведро
bari di sushi
перекрёсток
crusada
светофор
luz di trafico

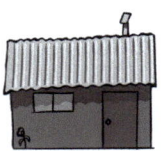

хижина

hut

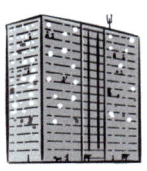

квартира

flat

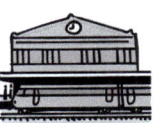

вокзал

stacion di trein

ратуша

stadhuis

MUSEUM

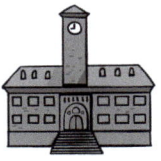

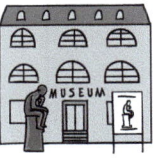

музей

museo

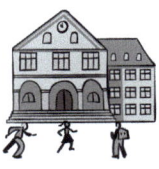

школа

scol

университет

universidad

банк

banco

больница

hospital

гостиница

hotel

аптека

botica

офис

oficina

книжный магазин

boekhandel

магазин

tienda

цветочный магазин

floresteria

супермаркет

supermarket

рынок

mercado

универмаг

department store

торговец рыбой

bendedo di pisca

торговый центр

shopping center

порт

haf

парк

park

скамейка

banki

мост

brug

лестница

trapi

метро

metro

тоннель

tunnel

автобусная остановка

parada di bus

бар

bar

ресторан

restaurant

почтовый ящик

postbox

табличка с названием
улицы

borchi di nomber di caya

паркометр

parkeermeter

зоопарк

parke di bestia

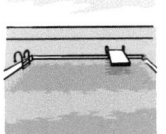

бассейн

piscina

мечеть

moskee

город - ciudad

ферма
cunucu

загрязнение окружающей среды
polucion

кладбище
santana

церковь
misa

детская площадка
speelplaats

храм
tempel

ландшафт
paisahe

лист
blachi

дорожный указатель
borchi di direccion

дорога
caminda

луг
sabana

камень
piedra

дерево
palo

путешественник
keirodo

река
riu

трава
yerba

цветок
flor

долина

vallei

гора

sero

озеро

lago

лес

mondi

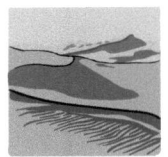

пустыня

desierto

вулкан

volcan

замок

kasteel

радуга

arco iris

гриб

paddenstoel

пальма

palma

комар

sangura

муха

musca

муравей

vruminga

пчела

bij

паук

haraña

ландшафт - paisahe

жук

tor

лягушка

dori

белка

eekhoorn

еж

porcospina

заяц

coneu

сова

shoco

птица

parha

лебедь

zwaan

кабан

porco di mondi

олень

bina

лось

eland

плотина

dam

ветряной генератор

molina di biento

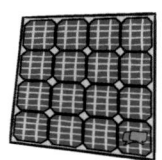

солнечная батарея

panel solar

климат

clima

ресторан
restaurant

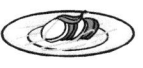

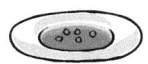

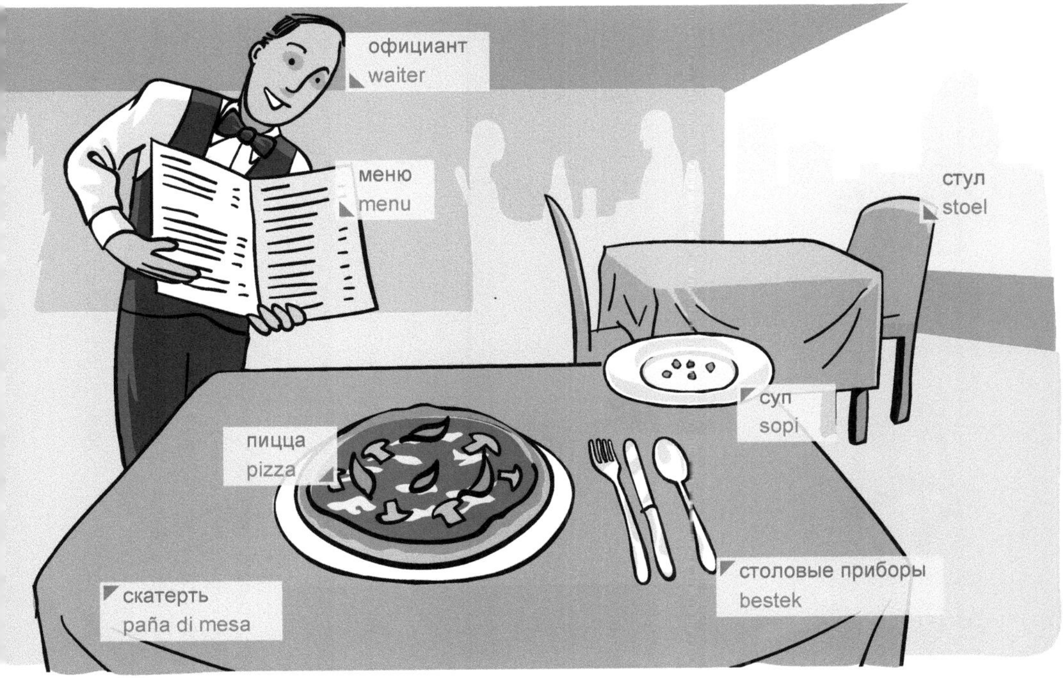
официант
waiter
меню
menu
стул
stoel
суп
sopi
пицца
pizza
столовые приборы
bestek
скатерть
paña di mesa

закуска

aperitivo

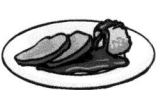

главное блюдо

cuminda principal

десерт

dessert

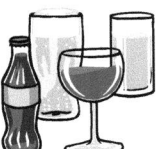

напитки

bebida

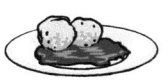

еда

cuminda

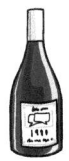

бутылка

boter

фастфуд

fastfood

уличная еда

streetfood

чайник

canica di te

сахарница

pochi di sucu

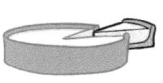

порция

porcion

кофеварка

espressomachine

детский стульчик

stoel di mucha

счет

cuenta

поднос

hasechi

нож

cuchiu

вилка

forki

ложка

cuchara

чайная ложка

telep

салфетка

napkin

стакан

glas

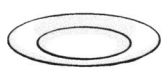

тарелка

tayo

суповая тарелка

tayo di sopi

блюдце

scoter

соус

saus

солонка

pochi di salo

мельница для перца

mulina di peper

уксус

binager

масло

azeta

специи

specerij

кетчуп

ketchup

горчица

mosterd

майонез

mayonaise

супермаркет
supermarket

специальное предложение
oferta special
FOR
покупатель
cliente
молочные продукты
producto lacteo
фрукты
fruta
тележка для покупок
garoshi di compra

BUTCHERS

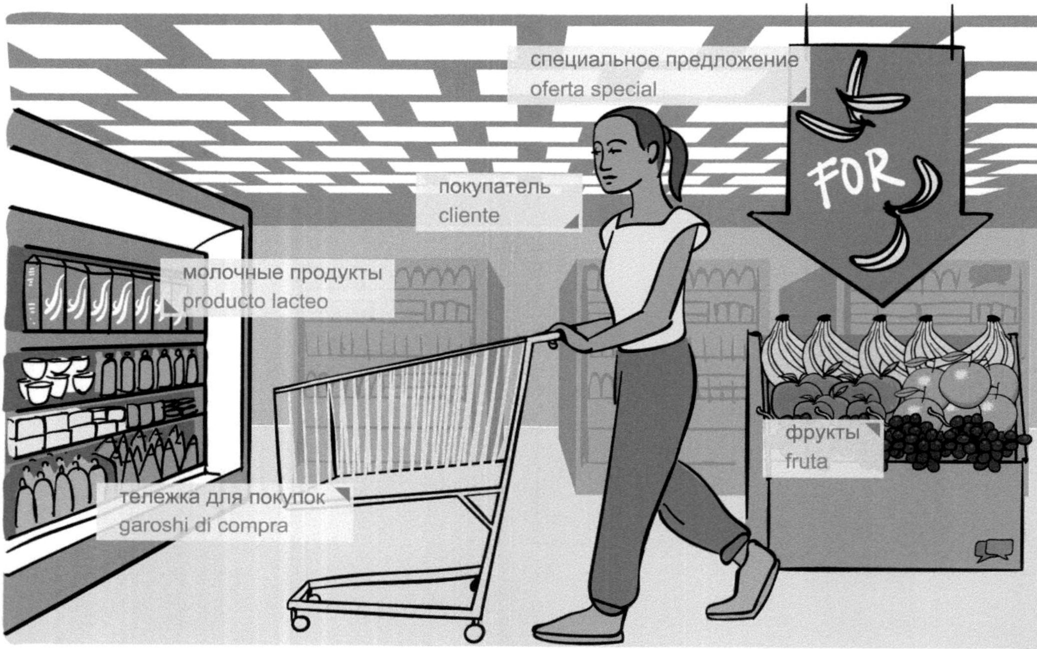

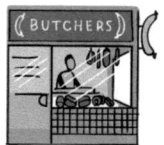

мясной магазин

carniceria

BAKERY

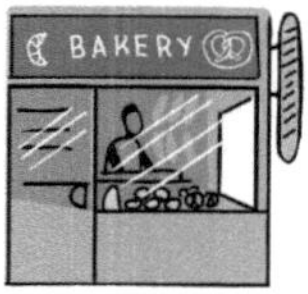

пекарня

panaderia

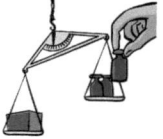

взвешивать

pisa

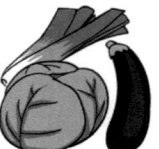

овощи

berdura

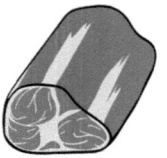

мясо

carni

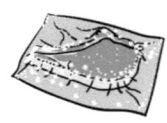

быстрозамороженные продукты

frozen food

нарезка

beleg di carni

консервы

cuminda di bleki

стиральный порошок

detergente na puiro

сладости

mangel

предмет домашнего обихода

producto pa cas

моющее средство

articulo di limpiesa

продавщица

bendedo

касса

cahero

кассир

cahero

список покупок

lista di compra

время работы

orario

бумажник

cartera

кредитная карточка

credit card

сумка

tas

полиэтиленовый пакет

saco di plastic

вода

awa

сок

juice

молоко

lechi

кока-кола

cola

вино

biña

пиво

cerbes

алкоголь

alcohol

какао

chocomel

чай

te

кофе

koffie

эспрессо

espresso

капучино

cappuccino

банан

bacoba

яблоко

appel

апельсин

apelsina

арбуз

milon

лимон

lamunchi

морковь

wortel

чеснок

conoflok

бамбук

bambu

лук

siboyo

гриб

mushroom

орехи

noot

лапша

pasta

спагетти

spaghetti

рис

aros

салат

salada

картофель фри

batata hasa

жареный картофель

batata hasa

пицца

pizza

гамбургер

hamburger

сэндвич

sandwich

шницель

cutlet

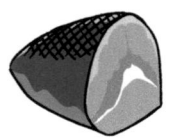

ветчина

ham

салями

salami

колбаса

soseishi

курица

galiña

жаркое

hasa

рыба

pisca

овсяные хлопья

papa

мюсли

müsli

кукурузные хлопья

cornflakes

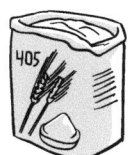

мука

hariña

круассан

croissant

булочка

pan rondo

хлеб

pan

тост

toast

печенье

cuki

масло

manteca

творог

kwark

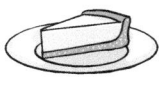

пирог

bolo

яйцо

webo

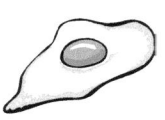

яичница

webo hasa

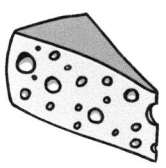

сыр

keshi

мороженое

ijscream

сахар

sucu

мёд

honing

мармелад

jam

крем с нугой

pasta di chuculati

карри

curry

ферма
cunucu

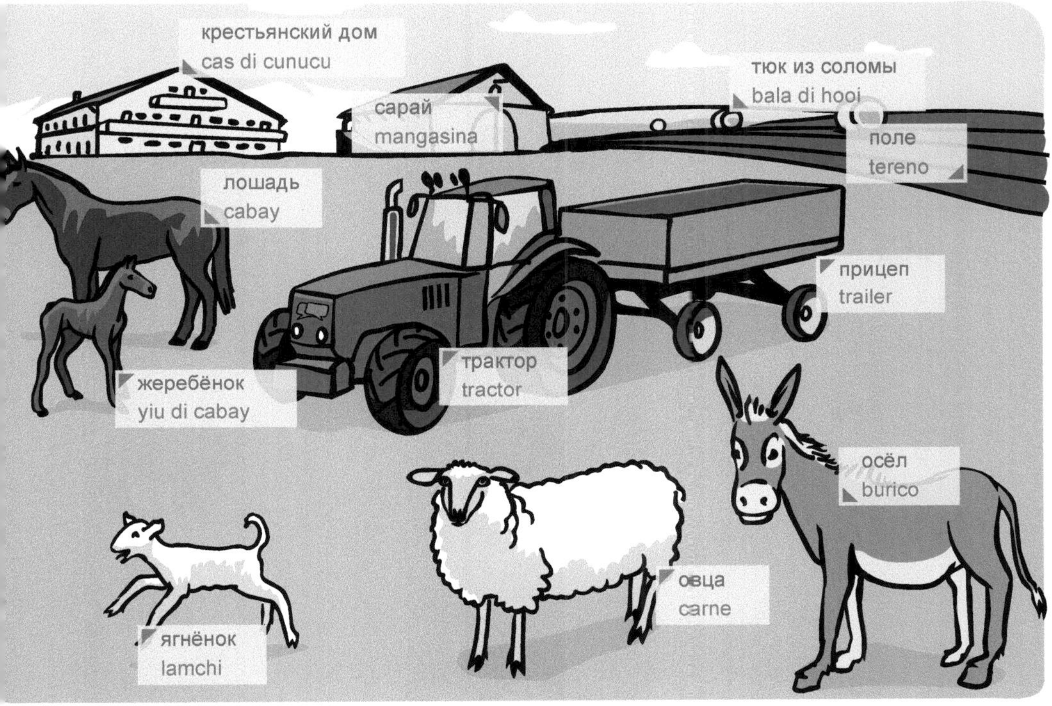
крестьянский дом
cas di cunucu
сарай
mangasina
тюк из соломы
bala di hooi
поле
tereno
лошадь
cabay
прицеп
trailer
трактор
tractor
жеребёнок
yiu di cabay
осёл
burico
овца
carne
ягнёнок
lamchi

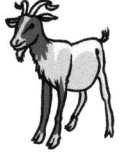

коза

cabrito

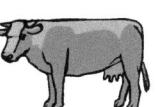

корова

baca

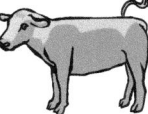

телёнок

bishe

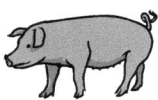

свинья

porco

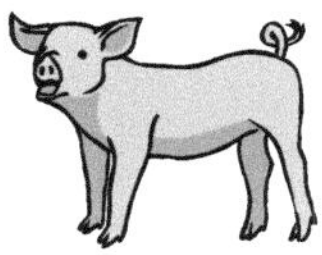

поросёнок

yiu di porco

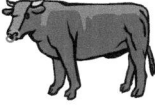

бык

toro

гусь

gans

утка

pato

цыплёнок

puyito

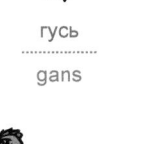

курица

galiña

петух

gay

крыса

djaca

кошка

pushi

мышь

raton

вол

toro

собака

cacho

конура

cas di cacho

садовый шланг

slang pa muha mata

лейка

gieter

коса

herment pa corta yerbe

плуг

ploeg

серп

garabati

мотыга

chapi

навозные вилы

forki pa coy hooi

топор

hacha

тачка

garetia

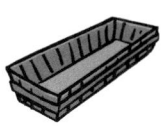

корыто

pesebre

бидон для молока

canica di lechi

мешок

saco

забор

heki

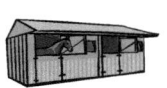

хлев

stal

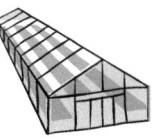

теплица

greenhouse

почва

suela

посев

simia

удобрение

mest

комбайн

mashin di cosecha

собирать урожай

cosecha

урожай

cosecha

ямс

yams

пшеница

trigo

соя

soya

картофель

batata

кукуруза

maishi

рапс

canola

фруктовое дерево

palo di fruta

маниок

yuca

злаки

grano

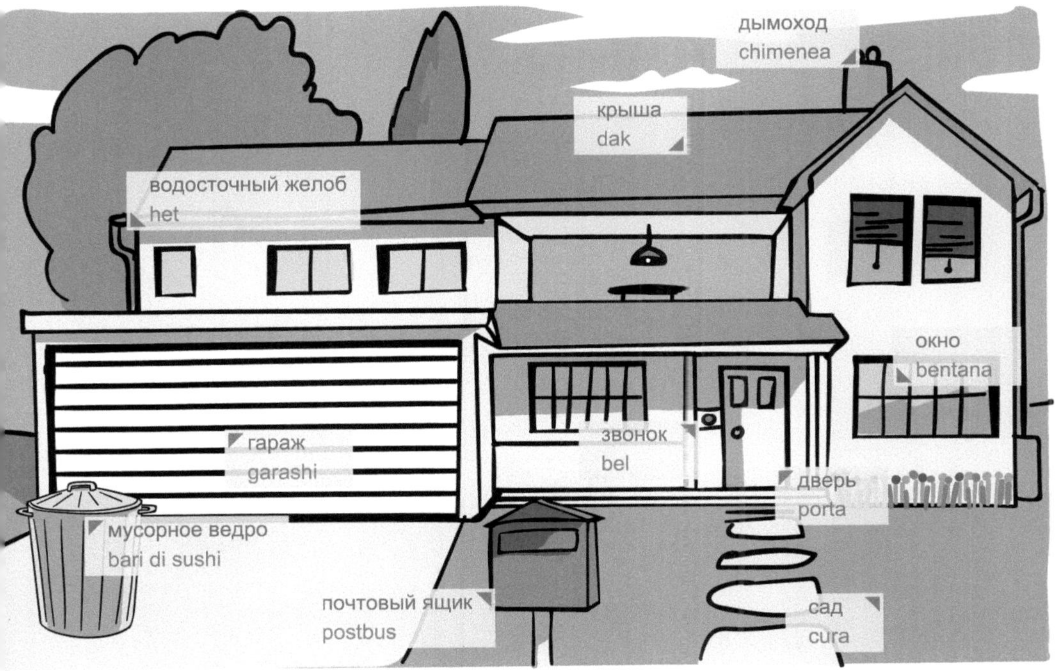

дымоход
chimenea

крыша
dak

водосточный желоб
het

окно
bentana

гараж
garashi

звонок
bel

дверь
porta

мусорное ведро
bari di sushi

почтовый ящик
postbus

сад
cura

гостиная

sala

ванная комната

baño

кухня

cushina

спальня

camber

детская комната

camber di mucha

столовая

comedo

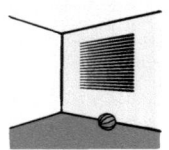

пол

suela

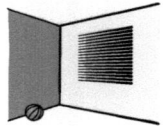

стена

muraya

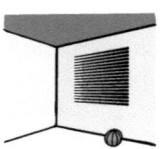

потолок

blafon

подвал

bodega

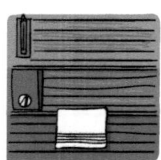

сауна

sauna

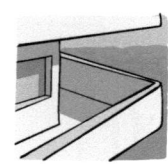

балкон

balcon

терраса

terasa

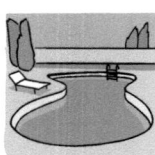

бассейн

piscina

газонокосилка

mashin di corta yerba

пододеяльник

laken

покрывало

bedsprei

кровать

cama

метла

basora

ведро

hemchi

выключатель

switch

гостиная
sala

обои
papel pa papela
рисунок
potret
лампа
lampi
полка
reki
шкаф
cashi
телевизор
televisior
камин
fogon
цветок
flor
подушка
cusinchi
диван
sofa
ваза
vaas
пульт дистанционного управления
remote control

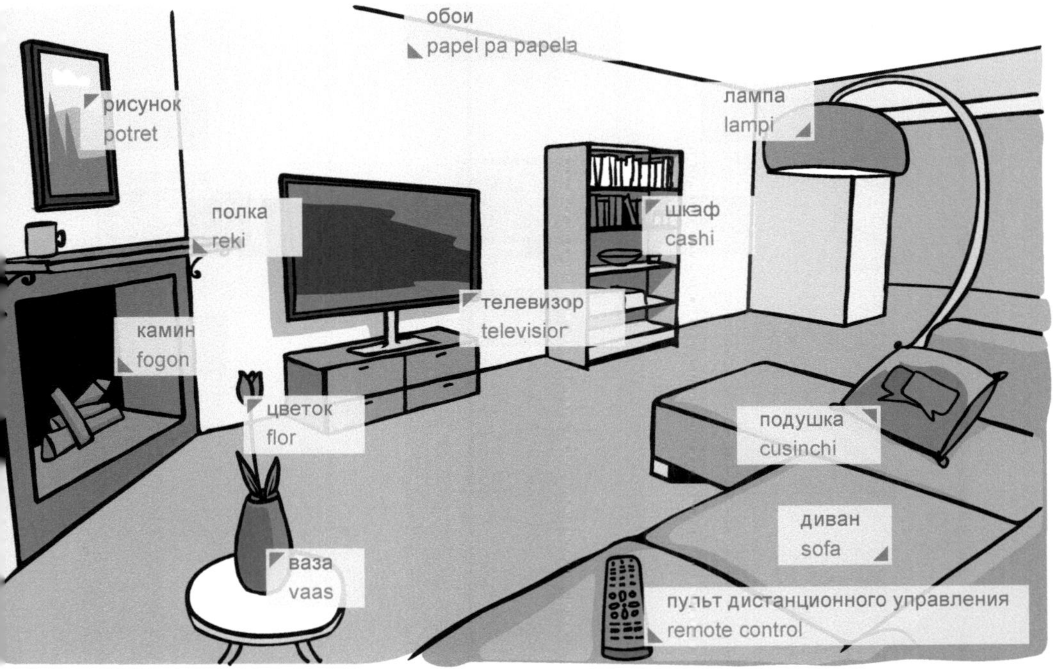

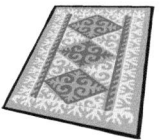

ковёр

tapijt

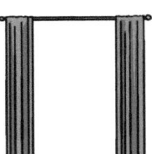

штора

cortina

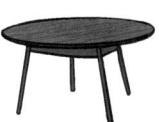

стол

mesa

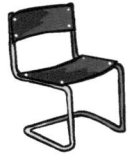

стул

stoel

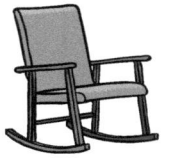

кресло-качалка

stoel di zoya

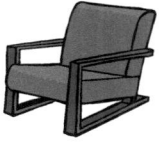

кресло

stoel

книга

buki

покрывало

dekel

украшение

decoracion

дрова

palo pa kima

фильм

film

стереосистема

stereoset

ключ

yabi

газета

corant

картина

cuadra

плакат

poster

радио

radio

блокнот

blocnote

пылесос

stofzuiger

кактус

cadushi

свеча

bela

кухня
cushina

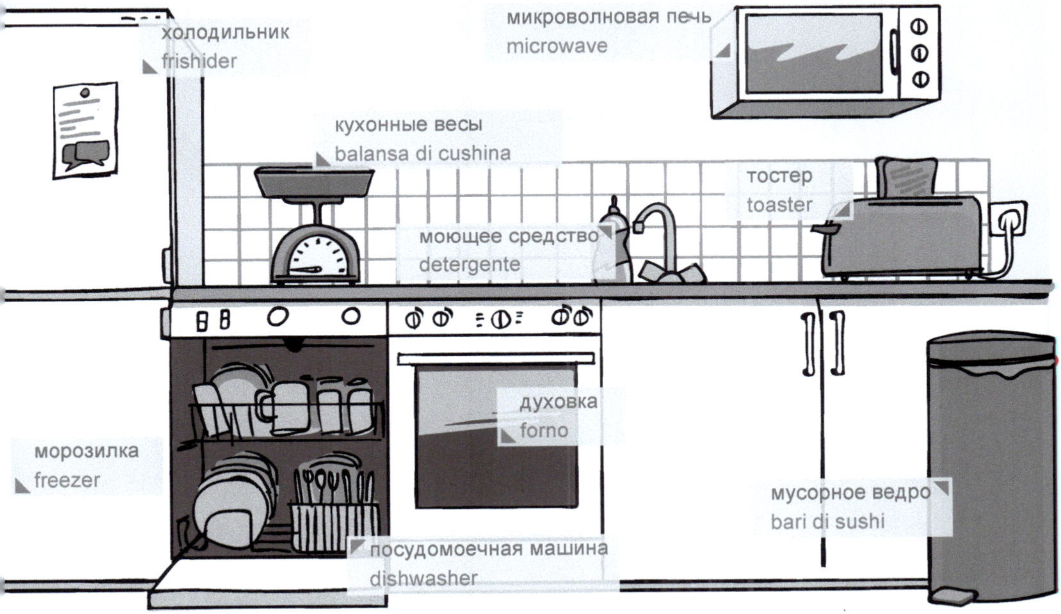
холодильник
frishider
микроволновая печь
microwave
кухонные весы
balansa di cushina
тостер
toaster
моющее средство
detergente
духовка
forno
морозилка
freezer
мусорное ведро
bari di sushi
посудомоечная машина
dishwasher

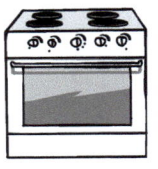

плита

stoof

кастрюля

wea

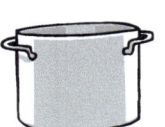

чугунный котелок

wea di hero

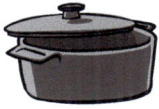

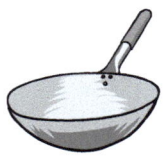

вок / кадай

wok

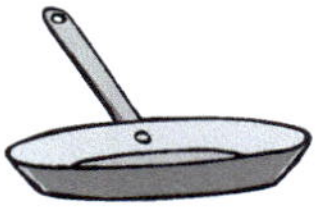

сковорода

planchi

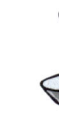

чайник

ketel

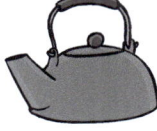

пароварка

steamer

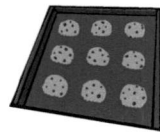

противень

teblachi pa horna

посуда

servies

кружка

beker

миска

conchi

палочки для еды

chopstick

половник

cuchara di sopi

лопатка

spatula

сбивалка

garde

сито

scurido

сито

colado

тёрка

raspa

ступка

fenso

гриль

barbecue

костёр

candela

доска

planki pa corta

скалка

rostok

штопор

kurkentrek

жестяная банка

bleki

консервный нож

cos di habri bleki

прихватка

pannenlap

раковина

wasbak

щетка

skeiro

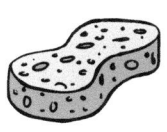

губка

spons

миксер

blender

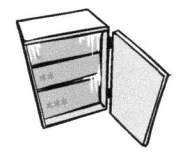

морозильная камера

freezer

бутылочка для кормления

tetero

кран

cranchi

ванная комната

baño

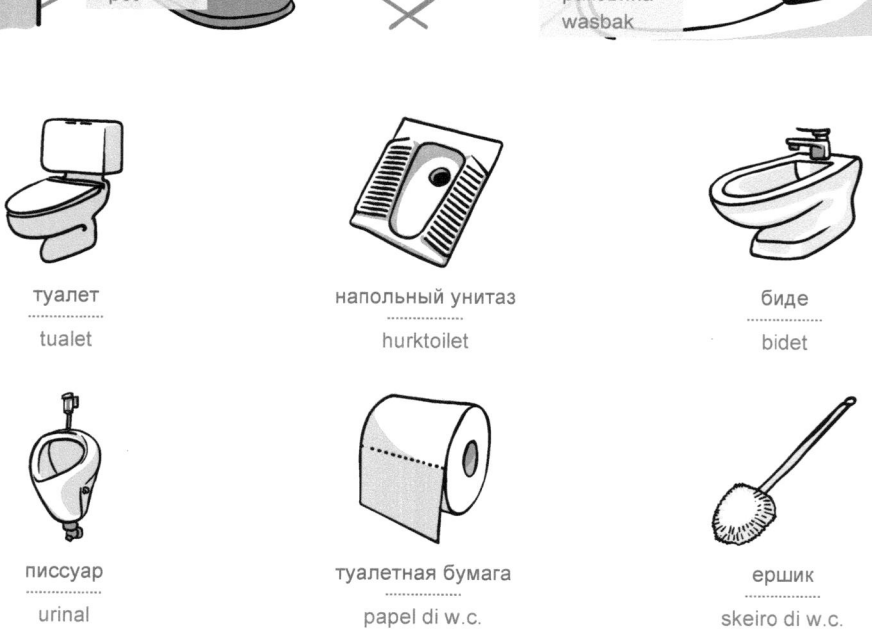

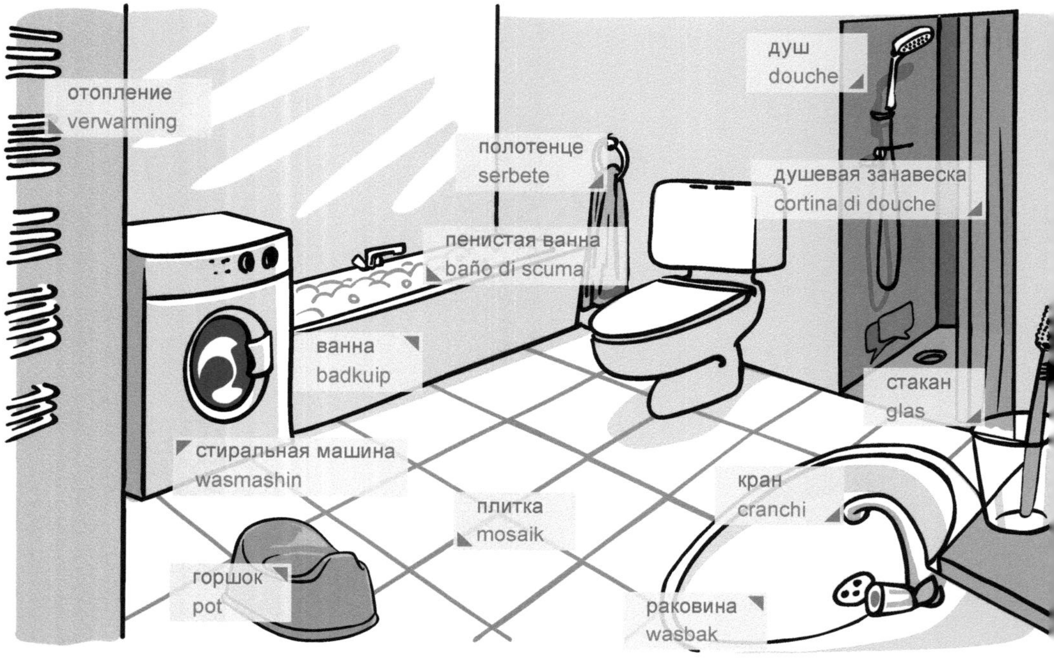

отопление
verwarming
полотенце
serbete
душ
douche
душевая занавеска
cortina di douche
пенистая ванна
baño di scuma
ванна
badkuip
стакан
glas
стиральная машина
wasmashin
кран
cranchi
плитка
mosaik
горшок
pot
раковина
wasbak

туалет

tualet

напольный унитаз

hurktoilet

биде

bidet

писсуар

urinal

туалетная бумага

papel di w.c.

ершик

skeiro di w.c.

зубная щетка

skeiro di djente

зубная паста

pasta di djente

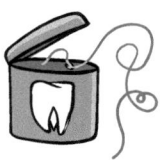

зубная нить

dental floss

мыть

laba

ручной душ

douche di man

интимный душ

bidet

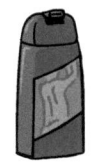

таз

tobo

щетка для спины

skeiro

мыло

habon

гель для душа

shower gel

шампунь

shampoo

мочалка

washandje

сток

drain

крем

crema

дезодорант

desodorante

зеркало

spiel

ручное зеркало

spiel di man

бритва

blet

пена для бритья

shaving foam

лосьон после бритья

aftershave

расческа

peña

щетка

skeiro

фен

blower

лак для волос

spray pa cabey

косметика

makeup

губная помада

lipstick

лак для ногтей

cos di pinta huña

вата

catuna

маникюрные ножницы

sker pa corta huña

духи

perfume

косметичка

tas

табуретка

kruk

весы

balansa

халат

bata

резиновые перчатки

handschoen

тампон

tampon

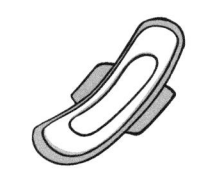

гигиеническая прокладка

kotex

биотуалет

wc kimico

детская комната
camber di mucha

будильник
wekker
мягкая игрушка
peluche
игрушечный автомобиль
auto di hunga
погремушка
maraca
кукольный домик
cas di popchi
подарок
regalo

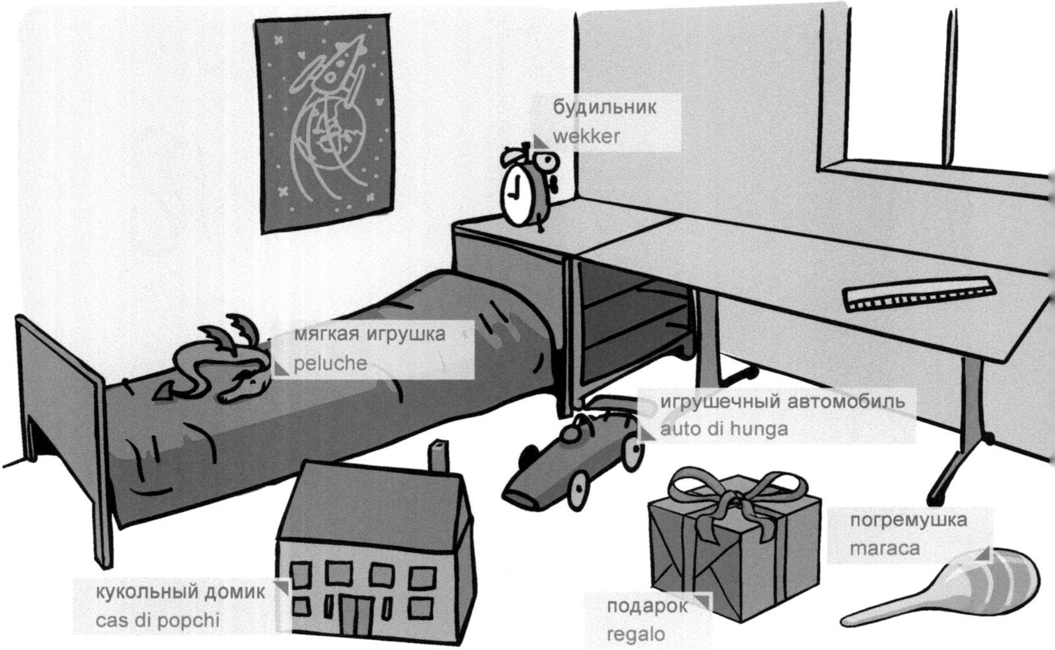

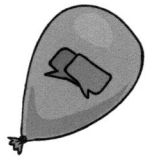

воздушный шар

blaas

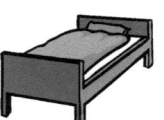

кровать

cama

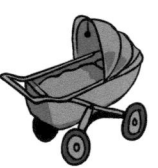

детская коляска

stroller

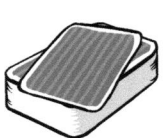

карточная игра

baraha di carta

пазл

puzzel

SUPER
MEGA

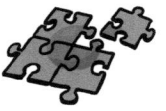

комикс

comic

кирпичики Лего

lego

кубики

bloki di hunga

игрушечная фигурка

figura di accion

ползунки

romper

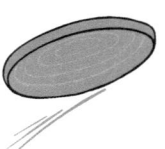

фрисби

frisbee

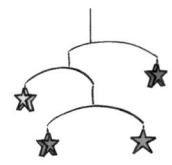

мобиле

mobil

настольная игра

wega di mesa

кубик

dou

модель железной дороги

set di trein

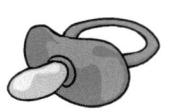

соска

chupon

вечеринка

fiesta

книга с картинками

buki di prenchi

мяч

bala

кукла

popchi

играть

hunga

песочница

zandbak

качели

zoya

игрушка

cos di hunga

игровая приставка

videogame

трёхколесный велосипед

tricycle

плюшевый медвежонок

beer

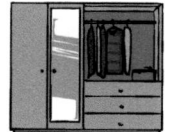

шкаф для одежды

cashi di paña

одежда
paña

носки

mea

чулки

mea

колготки

pantyhose

шарф
sjaal

ремень
faha

зонтик
paraplu

футболка
T-shirt

кроссовки
keds

сапоги
boots

тапки
slof

сандалии
....
sandalia

ботинки
....
sapato

резиновые сапоги
....
laars di rubber

трусы
....
carsonsio

бюстгальтер
....
bh

майка
....
flanel

боди

body

брюки

carson

джинсы

jeans

юбка

saya

блузка

blusa

рубашка

camisa

свитер

sweater

свитер

sweater

спортивная куртка

blazer

жакет

jacket

пальто

jas

плащ

regenjas

костюм

flus

платье

shimis

свадебное платье

shimis di bruid

мужской костюм

flus

ночная сорочка

yapon

пижама

pidjama

сари

sari

платок

lenso di cabes

тюрбан

turban

паранджа

burqa

кафтан

kaftan

абайя

abaya

купальник

zwempak

плавки

zwembroek

шорты

carson cortico

спортивный костюм

trainingspak

фартук

lantera

перчатки

handschoen

пуговица

boton

очки

bril

браслет

armband

цепочка

cadena

кольцо

renchi

серьга

renchi di horea

шапка

pechi

вешалка

kapstok

шляпа

sombre

галстук

dashi

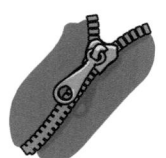

застежка молния

ziper

шлем

helm

подтяжки

guiel

школьная форма

uniform di scol

форма

uniform

детский нагрудник

babado

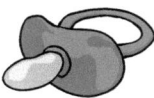

соска

chupon

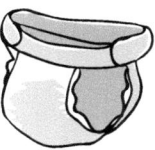

подгузник

bruki

офис
oficina

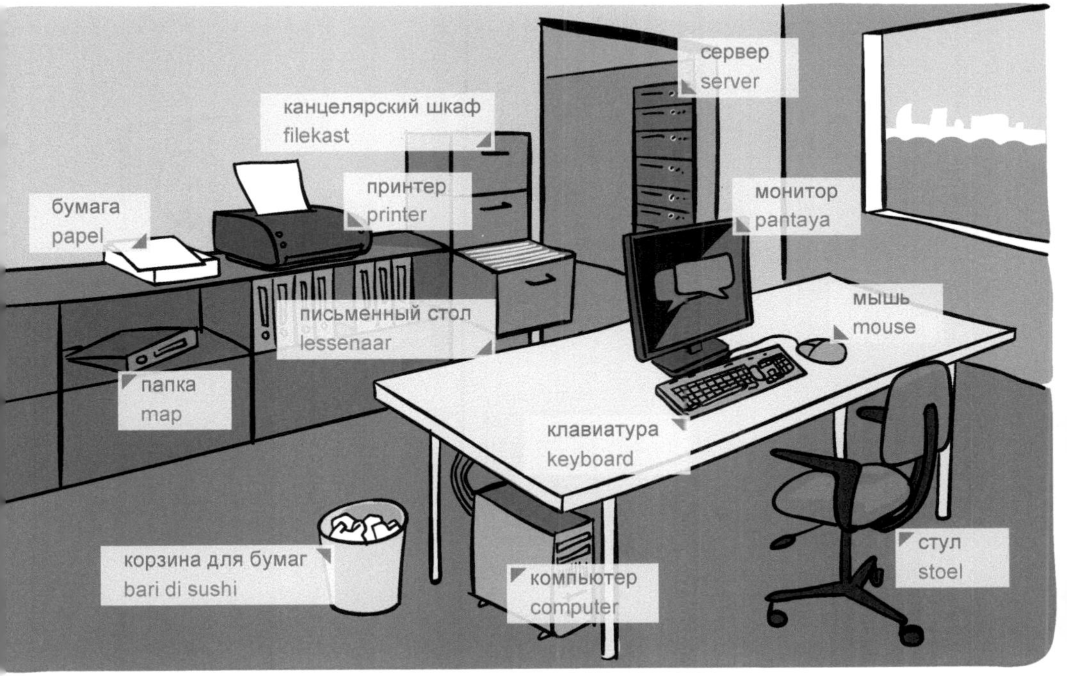

сервер
server

канцелярский шкаф
filekast

принтер
printer

бумага
papel

монитор
pantaya

письменный стол
lessenaar

мышь
mouse

папка
map

клавиатура
keyboard

корзина для бумаг
bari di sushi

стул
stoel

компьютер
computer

кофейная кружка

copi pa bebe koffie

калькулятор

calculator

интернет

internet

офис - oficina

детский нагрудник

babado

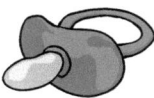

соска

chupon

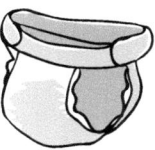

подгузник

bruki

офис
oficina

сервер / server

канцелярский шкаф / filekast

принтер / printer

бумага / papel

монитор / pantaya

письменный стол / lessenaar

мышь / mouse

папка / map

клавиатура / keyboard

корзина для бумаг / bari di sushi

стул / stoel

компьютер / computer

кофейная кружка

copi pa bebe koffie

калькулятор

calculator

интернет

internet

ноутбук

laptop

письмо

carta

сообщение

mensahe

мобильный телефон

celular

сеть

red

ксерокс

mashin di copia

программа

software

телефон

telefon

розетка

stopcontact

факс

fax mashin

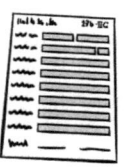

формуляр

formulario

документ

documento

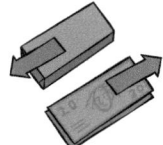

покупать

cumpra

платить

paga

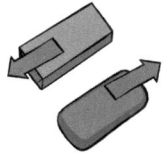

торговать

negosha

деньги

placa

доллар

dollar

евро

euro

иена

yen

рубль

roebel

франк

frank suiso

жэньминьби юань

yuan renminbi

рупия

roepi

банкомат

bancomatico

пункт обмена валюты

oficina di cambio

золото

oro

серебро

plata

нефть

azeta

энергия

energia

цена

prijs

договор

contract

налог

impuesto

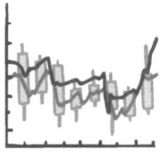

акция

share

работать

traha

служащий

empleado

работодатель

dunado di trabou

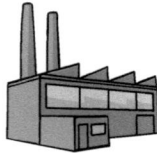

фабрика

fabrica

магазин

tienda

милиционер
agente policial

пожарный
bombero

повар
coki

врач
dokter

пилот
piloto

садовник
hardinero

столяр
carpinte

швея
cosedo

судья
hues

химик
kimico

актёр
actor

водитель автобуса

chauffeur di bus

таксист

chauffeur di taxi

рыбак

piscado

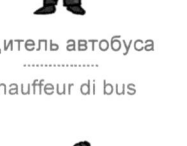

уборщица

hende cu ta haci cas limpi

кровельщик

drechado di dak

официант

waiter

охотник

jaagdo

художник

verfdo

пекарь

panadero

электрик

electricista

строитель

trahado den construccion

инженер

ingeniero

мясник

carnicero

сантехник

loodgieter

почтальон

partido di carta

солдат

solda

архитектор

arkitecto

кассир

cahero

флорист

florista

парикмахер

pelukero / pelukera

кондуктор

controlado di ticket

механик

mecanico

капитан

capitan

зубной врач

dentista

ученый

cientifico

раввин

rabbi

имам

imam

монах

monk

священник

pastor

инструменты
herment

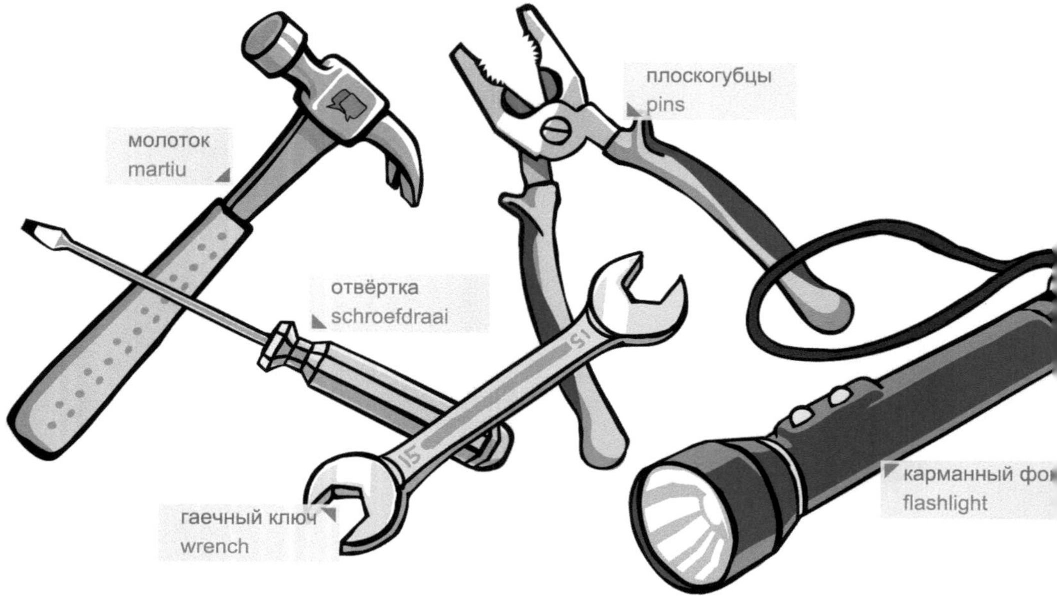

молоток
martiu
плоскогубцы
pins
отвёртка
schroefdraai
гаечный ключ
wrench
карманный фо
flashlight

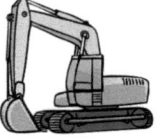

экскаватор

bulldozer

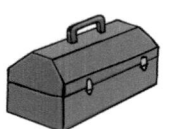

ящик для инструментов

caha di herment

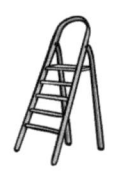

стремянка

trapi

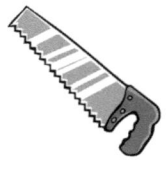

пила

zaag

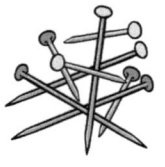

гвозди

clabo

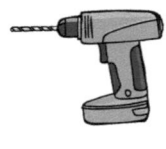

дрель

boormashin

ремонтировать

drecha

лопата

shobel

Блин!

caraho!

совок

scop

ведро с краской

bleki di verf

винты

schroef

музыкальные инструменты
instrumento musical

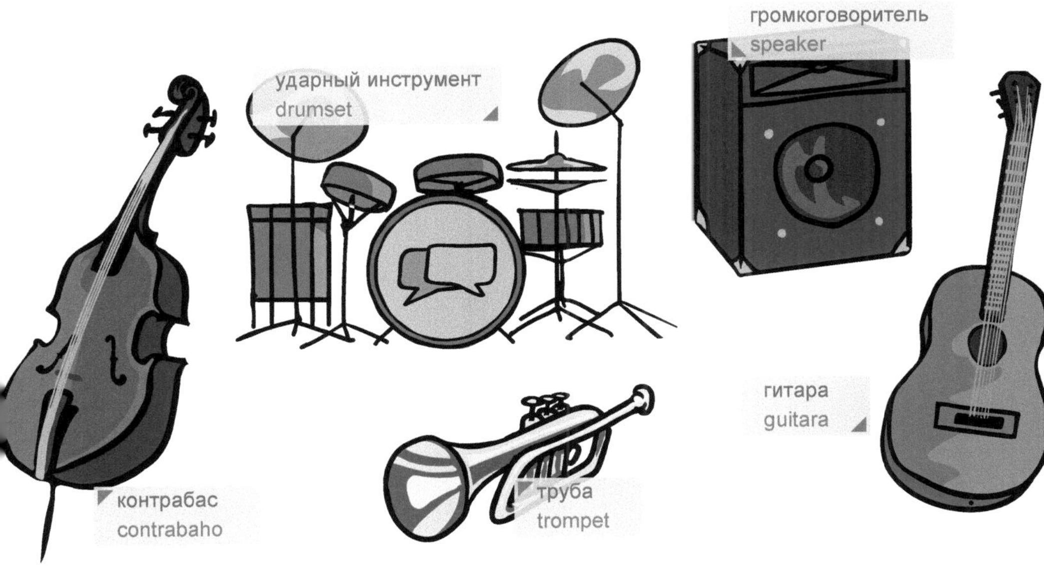

ударный инструмент
drumset

громкоговоритель
speaker

гитара
guitara

контрабас
contrabaho

труба
trompet

пианино

piano

скрипка

fio

бас-гитара

baho

литавры

timbal

барабан

tambu

синтезатор

keyboard

саксофон

saxofon

флейта

fluit

микрофон

microfon

зоопарк

parke di bestia

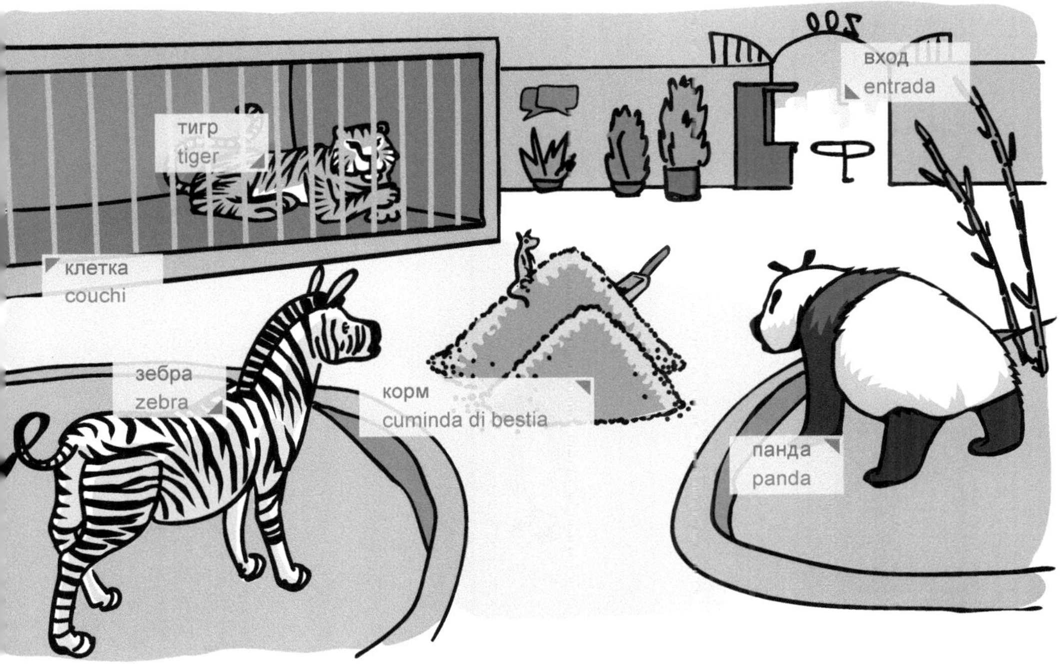

вход
entrada
тигр
tiger
клетка
couchi
зебра
zebra
корм
cuminda di bestia
панда
panda

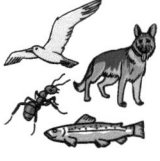

животные

animal

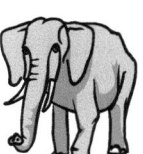

слон

olifante

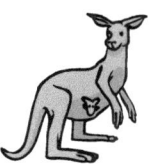

кенгуру

cangaru

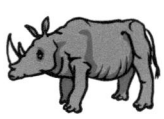

носорог

neushoorn

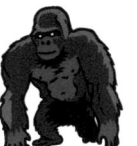

горилла

gorila

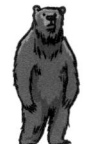

медведь

beer

верблюд

camel

страус

avestruz

лев

leon

обезьяна

macaco

фламинго

flamingo

попугай

lora

белый медведь

beer polar

пингвин

pinguin

акула

tribon

павлин

pauwies

змея

colebra

крокодил

caiman

служитель зоопарка

cuidado di bestia

тюлень

cacho di awa

ягуар

jaguar

пони

pony

леопард

leopardo

бегемот

hipopotamo

жираф

giraf

орёл

aguila

кабан

porco di mondi

рыба

pisca

черепаха

turtuga

морж

walrus

лиса

vos

газель

gazelle

спорт
deporte

американский футбол
futbol Americano

езда на велосипеде
ciclismo

теннис
tennis

баскетбол
basketball

плавание
landamento

бокс
boxeo

хоккей
ice hockey

футбол
futbol

бадминтон
badminton

лёгкая атлетика
atletismo

гандбол
handbal

лыжный спорт
ski

поло
polo

действия
actividad

смеяться
hari
прыгать
bula
обнимать
brasa
идти
cana
петь
canta
мечтать
soña
молиться
resa
целовать
sunchi

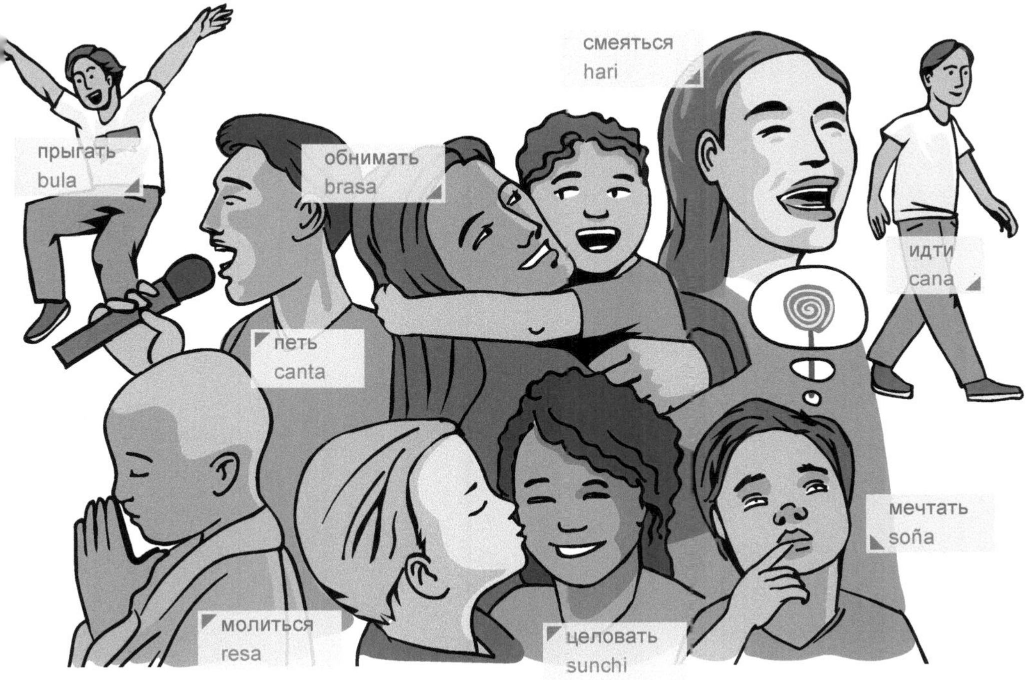

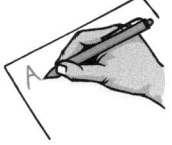

писать
skirbi

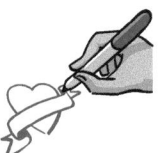

рисовать
pinta

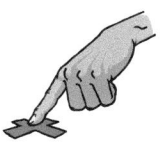

показывать
mustra

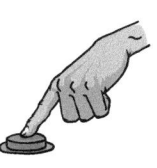

нажимать
primi

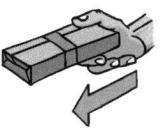

давать
duna

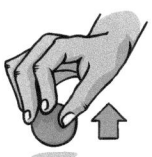

брать
coy

иметь

tin

делать

haci

быть

ta

стоять

para

бежать

core

тянуть

ranca

бросать

tira

падать

cay

лежать

drumi

ждать

warda

носить

carga

сидеть

sinta

надевать

bisti

спать

drumi

просыпаться

lanta fo'i soño

рассматривать
mira

плакать
yora

гладить
caricia

причесывать
peňa

говорить
papia

понимать
compronde

спрашивать
puntra

слушать
scucha

пить
bebe

кушать
come

наводить порядок
ruim op

любить
stima

готовить
cushna

ехать
bai

летать
bula

ходить под парусом

zeilo

считать

conta

читать

lesa

учиться

siña

работать

traha

вступать в брак

casa

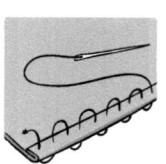

шить

cose

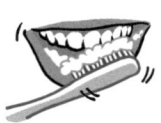

чистить зубы

skeiro djente

убивать

mata

курить

huma

отправлять

manda

бабушка
wela

дедушка
welo

папа
tata

мама
mama

младенец
baby

дочь
yiu muhe

сын
yiu homber

гость

huesped

тетя

tanta

дядя

omo

брат

ruman homber

сестра

ruman muhe

тело

curpa

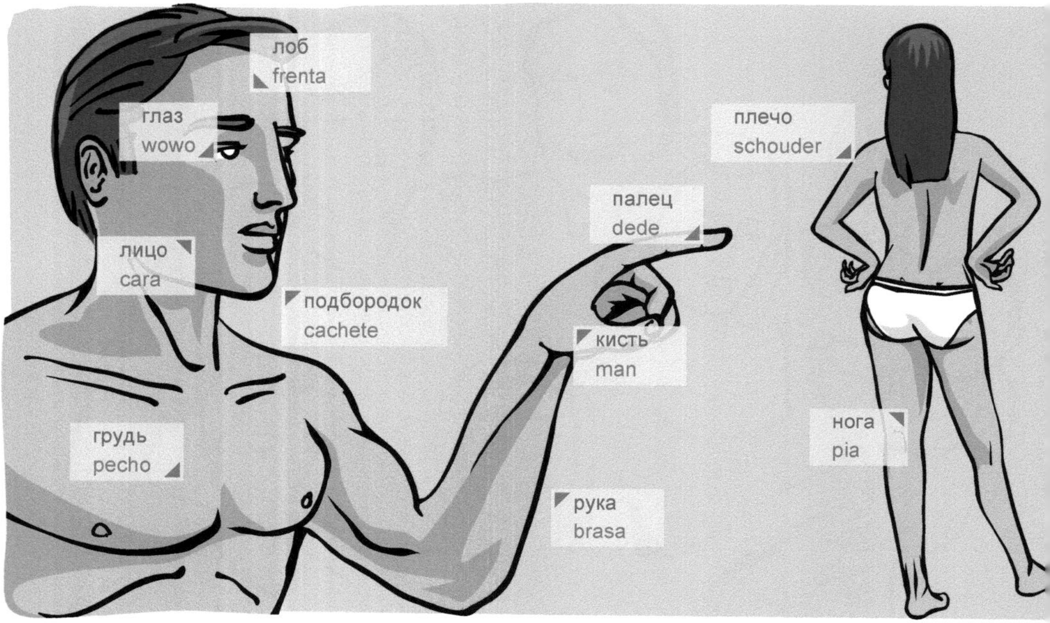

лоб
frenta

глаз
wowo

плечо
schouder

палец
dede

лицо
cara

подбородок
cachete

кисть
man

грудь
pecho

нога
pia

рука
brasa

младенец

baby

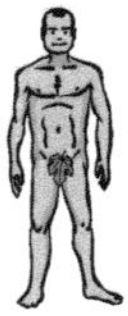

мужчина

homber

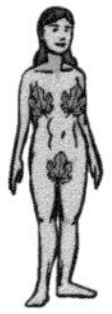

женщина

muhe

девочка

mucha muhe

мальчик

mucha homber

голова

cabes

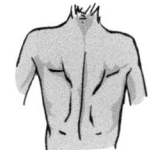

спина

lomba

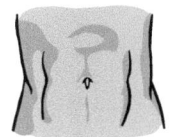

живот

bariga

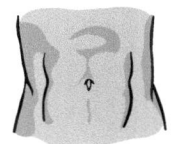

пупок

lombrishi

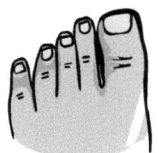

палец ноги

dede di pia

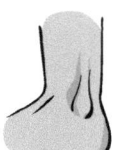

пятка

hilchi

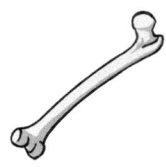

кость

weso

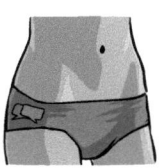

бедро

heup

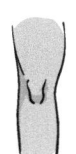

колено

rudia

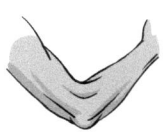

локоть

elleboog

нос

nanishi

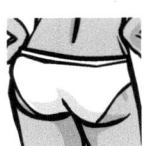

ягодицы

chanchan

кожа

cuero

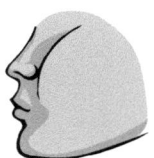

щека

wang

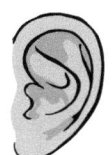

ухо

horea

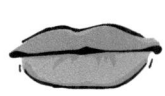

губа

lip

тело - cuгpa

рот

boca

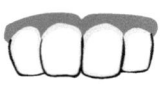

зуб

djente

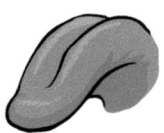

язык

lenga

мозг

celebro

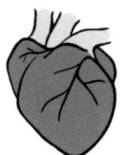

сердце

curason

мышца

musculo

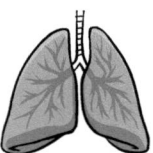

лёгкое

pulmon

печень

higra

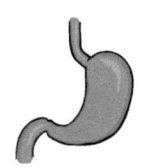

желудок

stoma

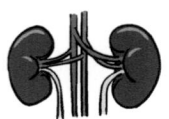

почки

nier

половой акт

sex

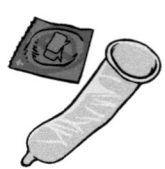

презерватив

condon

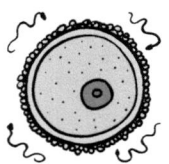

яйцеклетка

ovulo

сперма

sperma

беременность

embaraso

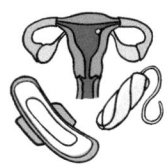

менструация

menstruacion

вагина

vagina

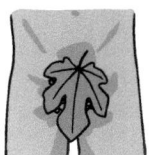

пенис

penis

бровь

wenkbrauw

волосы

cabey

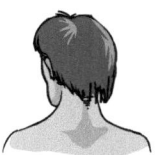

шея

nek

больница
hospital

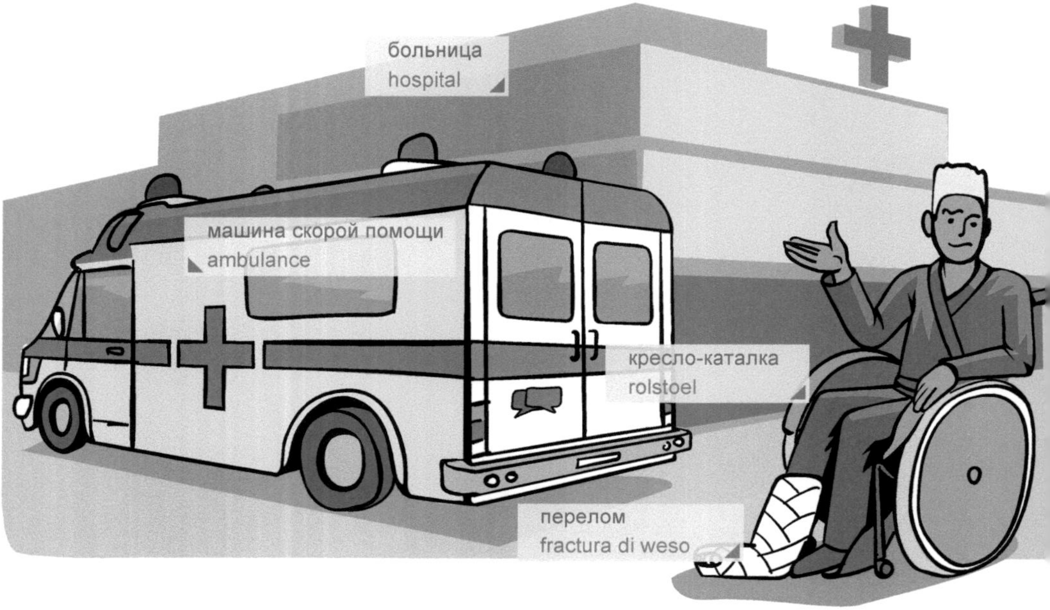

больница
hospital
машина скорой помощи
ambulance
кресло-каталка
rolstoel
перелом
fractura di weso

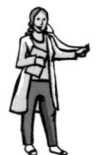

врач

dokter

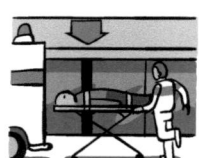

пункт первой помощи

EHBO (prome asistencia/eerste hulp)

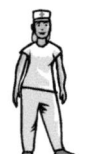

медсестра

nurse

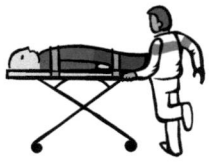

неотложный случай

caso di emergencia

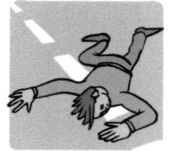

без сознания

fo'i tino

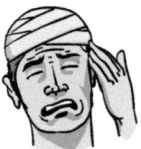

боль

dolor

повреждение

lesion

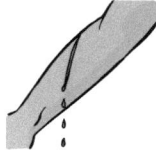

кровотечение

sangramento

инфаркт

ataca di curason

инсульт

ataca celebral

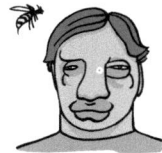

аллергия

alergia

кашель

tosa

овышенная температура

keintura

грипп

griep

понос

diarea

головная боль

dolor di cabes

рак

cancer

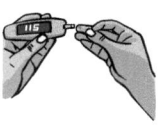

диабет

diabetes

хирург

ciruhano

скальпель

scalpel

операция

operacion

КТ
CT

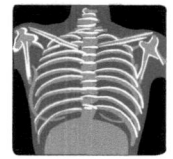

рентген
x-ray

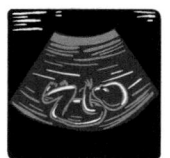

ультразвук
echo

маска
masker contra stof

болезнь
malesa

приёмная
sala di espera

костыль
kruk

пластырь
pleister

бинт
verband

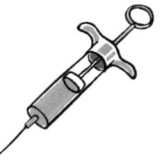

укол
inyeccion

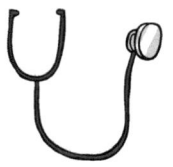

стетоскоп
stetoscop

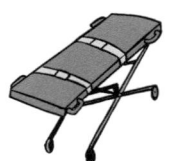

носилки
brancard

термометр
thermometer

рождение
nacemento

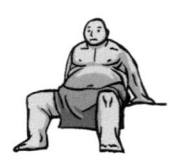

избыточный вес
sobrepeso

слуховой аппарат

aparato pa oido

дезинфекционное
средство
desinfectante

инфекция

infeccion

вирус

virus

ВИЧ / СПИД

HIV / AIDS

лекарство

remedi

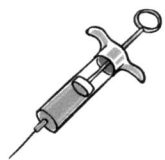

прививка

vacuna

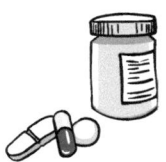

таблетки

pilder

противозачаточная
таблетка
pilder

экстренный вызов

yamada di emergencia

прибор для измерения
кровяного давления
aparato pa midi presion

больной / здоровый

malo / saludabel

Помогите!

auxilio!

нападение

atraco

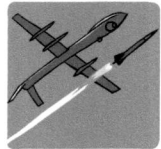

атака

atake

опасность

peliger

запасной выход

salida di emergencia

сигнал тревоги

alarma

огнетушитель

brandspuit

несчастный случай

desgracia

Пожар!

candela

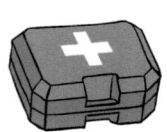

аптечка

caha di prome asistencia

SOS

SOS

милиция

polis

Европа

Europa

Северная Америка

Noord America

Южная Америка

Sur America

Африка

Africa

Азия

Asia

Австралия

Australia

Атлантический океан

Oceano Atlantico

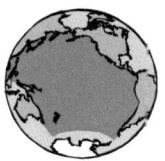

Тихий океан

Oceano Pacifico

Индийский океан

Oceano Indio

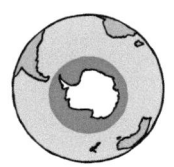

Антарктический океан

Oceano Antartico

Северный Ледовитый
океан

Oceano Artico

Северный полюс

Noordpool

Южный полюс

Zuidpool

Антарктика

Antartica

земля

mundo

суша

tera

море

lama

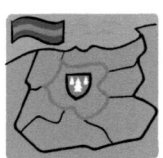

остров

isla

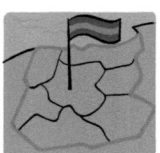

нация

nacion

государство

estado

циферблат

holoshi analog

часовая стрелка

wijzer chikito

минутная стрелка

wijzer grandi

секундная стрелка

wijzer di seconde

Который час?

Cuant'or tin?

день

dia

время

tempo

сейчас

awor

электронные часы

holoshi digital

минута

minuut

час

ora

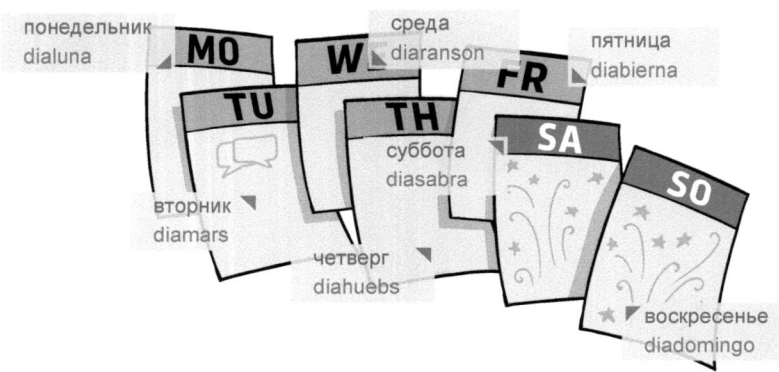

понедельник
dialuna

среда
diaranson

пятница
diabierna

вторник
diamars

четверг
diahuebs

суббота
diasabra

воскресенье
diadomingo

вчера

ayera

сегодня

awe

завтра

mañan

утро

mainta

полдень

merdia

вечер

anochi

рабочие дни

dia di trabou

выходные

weekend

год

aña

дождь
awacero
радуга
arco iris
ветер
biento
снег
sneeuw
весна
lente
лето
zomer
осень
herfst
зима
winter

4.APRIL 11°
5.APRIL 4°
6.APRIL 13°
7.APRIL 8°
8.APRIL 10°

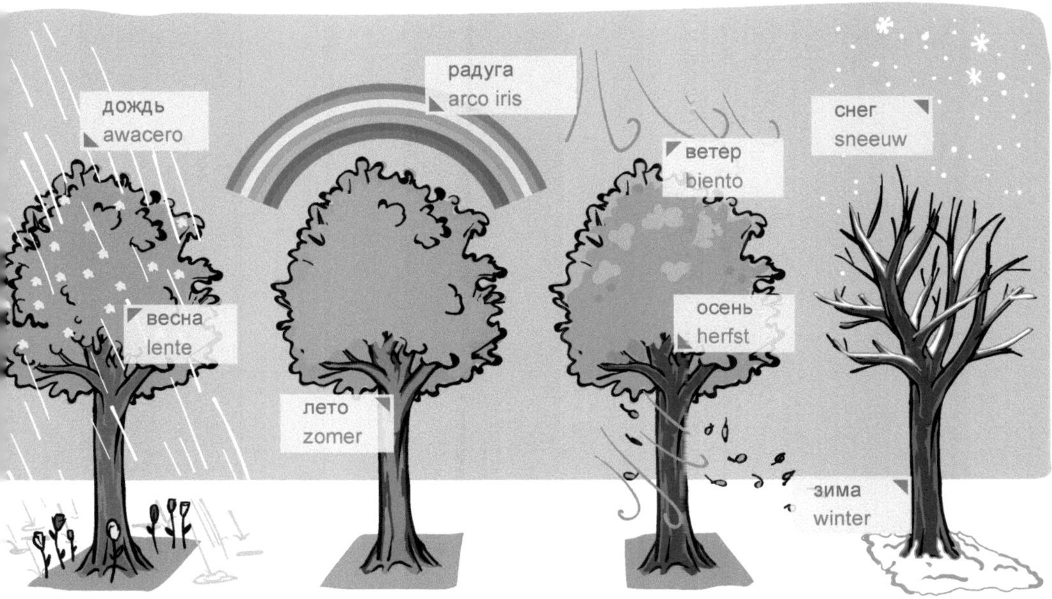

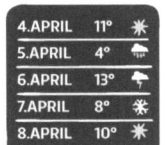

прогноз погоды

pronostico di tempo

F C
120 40
90 30
60 20
30 10
0 0
-30 -10
-20

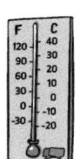

термометр

thermometer

солнечный свет

solo ta briya

туча

nubia

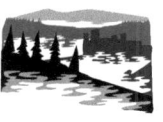

туман

neblina

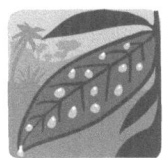

влажность воздуха

humedad

молния

lamper

гром

strena

буря

mal tempo

град

hagel

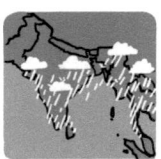

муссон

mal tempo

наводнение

inundacion

лёд

ijs

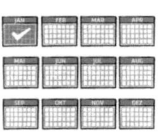

январь

januari

февраль

februari

март

maart

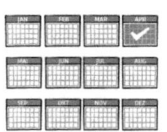

апрель

april

май

mei

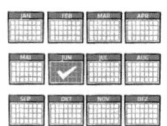

июнь

juni

июль

juli

август

augustus

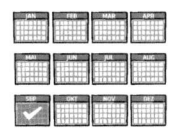

сентябрь

september

октябрь

october

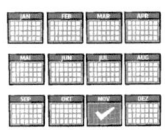

ноябрь

november

декабрь

december

формы
forma

круг

circulo

квадрат

cuadra

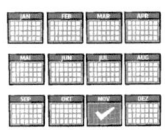

прямоугольник

rectangulo

треугольник

triangulo

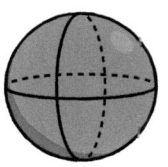

шар

bol

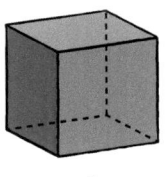

куб

kubus

белый

blanco

желтый

geel

оранжевый

oraño

розовый

ros

красный

cora

лиловый

biña

синий

blauw

зелёный

berde

коричневый

bruin

серый

shinishi

черный

preto

много / мало

hopi / tiki

яростный / мирный

rabia / trankil

красивый / уродливый

bunita / mahos

начало / конец

comienso / final

большой / маленький

grandi / chikito

светлый / темный

cla / scur

брат / сестра

ruman homber / ruman muhe

чистый / грязный

limpi / sushi

полный / неполный

completo / incompleto

день / ночь

dia / anochi

мёртвый / живой

morto / bibo

широкий / узкий

hancho / smal

съедобный / несъедобный

comibel / incomibel

злой / дружелюбный

mal hende / bon hende

взволнованный / скучающий

ansioso / ferfela bo mes

толстый / худой

gordo / flaco

сначала / в конце

prome / ultimo

друг / враг

amigo / enemigo

полный / пустой

yen / bashi

твёрдый / мягкий

duro / moli

тяжёлый / легкий

pisa / lihe

голод / жажда

hamber / sed

больной / здоровый

malo / saludabel

незаконный / законный

ilegal / legal

умный / глупый

inteligente / sabi

слева / справа

robes / drechi

близко / далеко

cerca / leu

новый / подержанный

nobo / uza

ничто / нечто

nada / algo

старый / молодой

bieu / jong

включено / выключено

cendi / paga

открыто / закрыто

habri / cera

тихо / громко

keto / duro

богатый / бедный

rico / pober

правильный /
неправильный
bon / fout

шероховатый / гладкий

grof / liso

печальный / счастливый

tristo / contento

короткий / длинный

cortico / largo

медленный / быстрый

pocopoco / lihe

мокрый / сухой

muha / seco

тёплый / прохладный

cayente / frit

война / мир

guera / paz

противоположности - contrario

0

ноль

cero

1

один

un

2

два

dos

3

три

tres

4

четыре

cuater

5

пять

cinco

6

шесть

seis

7

семь

shete

8

восемь

ocho

9

девять

nuebe

10

десять

dies

11

одиннадцать

diesun

12

двенадцать

diesdos

13

тринадцать

diestres

14

четырнадцать

diescuatro

15

пятнадцать

diescinco

16

шестнадцать

diesseis

17

семнадцать

diesshete

18

восемнадцать

diesocho

19

девятнадцать

diesnuebe

20

двадцать

binti

100

сто

shen

1.000

тысяча

mil

1.000.000

миллион

miyon

английский

Ingles

американский английский

Ingles Mericano

мандаринский китайский

Chines Mandarin

хинди

Hindi

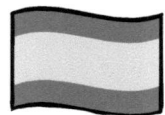

испанский

Spaño

французский

Frances

арабский

Arabe

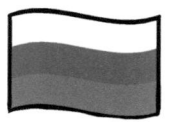

русский

Ruso

португальский

Portugues

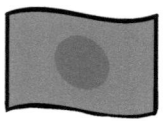

бенгальский

Bengal

немецкий

Aleman

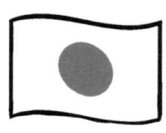

японский

Hapones

я
ami

ты
abo

он / она / оно
e

мы
nos

вы
boso

они
nan

кто?
ken?

что?
kico?

как?
con?

где?
unda?

когда?
ki ora?

имя
nomber

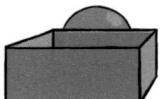

за
·············
patras

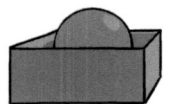

в
·············
den

перед
·············
dilanti di

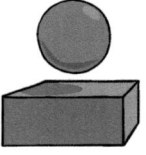

над
·············
ariba

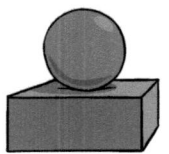

на
·············
riba

под
·············
bou di

рядом
·············
banda di

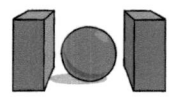

между
·············
entre

место
·············
luga